El Dolor, la Sanación y la Esperanza
Cómo superar más allá de la agresión sexual

El Dolor, la Sanación y la Esperanza:
Cómo superar más allá de la agresión sexual

Una pieza teatral para leer, vocalizar y personalizar

Escrito por Melissa B. Lombardo
Ilustraciones por Eduardo José Arias Cruz

write
heal
thrive

Aviso de Derechos de Autor

Permisos, Inspiración, Contribuciones

La autora desea reconocer dos contribuciones escritos usados con permiso:

- "Y él me dice" escrito en inglés con título original, "And he says to me" por M.R.
- "Recuerda estas cosas" escrito en inglés con título original "Remember these things" por Anthony "Tony" Gali.

Prólogo por YWCA New Britain CT Sexual Assault Crisis Service (SACS).

Adicionalmente, la autora quiere honrar y agradecer a sobrevivientes quienes han inspirado el contenido original en los monólogos "El daño" ("Hurt"), "Dia de entrenamiento" ("Training Day"), "Puedo Cantar" ("I Can Sing"), y también el Take Back the Night Foundation que inspiró el monólogo, "Permanecemos Unidos" ("United We Stand").

Contacto

Para solicitar el permiso o licencia, ventas por mayor, descuentos especiales, producción y asistencia con la licencia, conferencias, presentaciones públicas y talleres se debe contactar a la autora a través del correo electrónico: info@melissablombardo.com.

Aviso sobre derechos musicales

Las personas con licencia son las únicas responsables en obtener el permiso escrito de los propietarios de los derechos de autor para usar cualquier pieza musical en la presentación previamente registrados; y serán responsables de todas las autorizaciones de uso musical. Además, deben indemnizar los derechos de autor de los propietarios intelectuales en caso de cualquier pérdida que ocurra por el uso de su música de parte de las personas autorizadas.

Datos de la publicación en el catálogo del editor

"El Dolor, la Sanación y la Esperanza: Cómo superar más allá de la agresión sexual"

Melissa B. Lombardo, Primera Edición en el idioma español.

1. Categoría No Ficción/Drama/Artes Escénicas. Monólogos y Escenas.

2. Transformación personal, abuso sexual.

3. Violación.

4. Mujeres.

Ilustraciones de Eduardo José Arias Cruz. Eduardoariascruz.com

Retrato del autor por Alicia Ann Daw

Estilo por Jessica Dutton

Diseño de maquetación, portada, y logotipo de Write, Heal, Thrive diseñados por Nikita Prokhorov. nikitaprokhorov.com

Traducción y Adaptación por Sobeyda Alvarez-Inestroza, Cesar Augusto Andino, Roger Alfredo Martínez, Melissa B. Lombardo

Corrección de texto por Roger Alfredo Martínez

Impreso en los Estados Unidos de América

ISBN: 979-8-9877587-8-6 (Edición tapa blanda)

Nota del Editor

Los nombres, lugares e incidentes que aparecen en la obra, se han cambiado con el fin de proteger la privacidad a la vez que se mantiene la historia de las protagonistas y la autora. Las estadísticas usadas en esta publicación proveen información que podría no estar actualizada después de hacerse pública. La información no debe usarse como asesoría legal. La autora no asume la responsabilidad por las acciones o no acciones tomadas por individuos quienes hayan leído, actuado, o escuchado el presente trabajo. Ninguna persona debe ser responsabilizada por algún reclamo del contenido, información o estadísticas provistas, o puntos de vista expresados en la presente publicación. La autora y el editorial Write Heal Thrive LLC. no son responsables por sitios Web externos y su contenido.

La presente obra publicada está diseñada para proveer información acerca del tema presentado. Se pone a la venta bajo el entendido que ni el editor ni la autora están en la capacidad de ofrecer servicios psicológicos, legales, u otro tipo de asistencia. Ni el editor ni la autora podrá responsabilizarse por alguna acción o resultado derivado de este libro o su presentación teatral. Si se requiere asistencia especializada incluyendo consejería, por favor acuda a un consejero profesional.

Se recomienda a los lectores que realicen su propia búsqueda de información al momento de tomar decisiones.

Elogios para "El Dolor, la Sanación y la Esperanza: Cómo superar más allá de la agresión sexual"

Pasar de víctima a triunfador es un viaje complejo, ayudado por el revés de nuestro silencio. En "El Dolor, la Sanación y la Esperanza: Cómo superar más allá de la agresión sexual" la Sra. Lombardo, nos devuelve nuestras voces, trazando el camino para que nos sostengamos con compasión y a la vez, reclamemos nuestro poder. A través de las palabras de su personaje y el discurso, nos volvemos visibles, comprendidos, respaldados y empoderados para reconocer nuestro dolor y seguir adelante. Lo que un día nos fue arrebatado, nos es devuelto: La esperanza por una luz de un nuevo día con seguridad.

– Dra. Bridget Cooper, autora del bestseller Pain Rebel & Little Landslides

El Dolor, la Sanación y la Esperanza: Cómo superar más allá de la agresión sexual" es una pieza literaria valiente y poderosa que el mundo necesita más que nunca. A medida que seguimos considerando los problemas de justicia para los sobrevivientes, parte del problema es que no hemos sido lo suficientemente valientes u honestos para contabilizar el costo final. Al tener el honor, tanto de leer y experimentar la obra como pieza teatral, en cada caso, fui llevada hacia una comprensión más profunda y me di cuenta de lo que verdaderamente está en juego en nuestra sanidad física, emocional y espiritual.

– Clementina Esposito, The Clementina Collective

El trabajo de Melissa Lombardo es un testimonio de inspiración que ofrece a los sobrevivientes de abuso sexual la habilidad de sanar al encontrar su voz e ir más allá del trauma y como adoptar un futuro más brillante y libre. Si eres o estás ayudando a un sobreviviente, esta es una LECTURA OBLIGADA, esencial, un libro bien escrito y una pieza teatral que puede ofrecer un camino de salud y sanación.

– Dorothy Holtermann, Fundadora de Birth-A-Book, maestra, conferencista, entrenadora certificada en salud holística

¡Tu libro es ABSOLUTAMENTE esencial. ALGUIEN necesita tu libro. ¡Estoy seguro de ello!

– Kevin Taylor, autor de Central Ameria: Faces, Places, Food

El mundo necesita personas (como tú), que hablen sobre sus experiencias. Creo que es la única manera para cambiar el mundo.

– Dra. Rebecca Sandford Morgan

Elogios para "El Dolor, la Sanación y la Esperanza: Cómo superar más allá de la agresión sexual" (Continúa)

Para quienes no lo han experimentado, Melissa nos abre una ventana hacia la parodia del abuso sexual—el legado doloroso que este deja en los cuerpos, mentes y espíritus. Ella también nos muestra la fuerza, el coraje y el camino hacia la sanidad de un sobreviviente.

Todos conocemos a alguien que ha sido abusado sexualmente o acosado. La obra de Melissa nos inspira e invita a apoyarlos y ser verdaderos aliados en la construcción de un mundo libre de violencia sexual.

– Marilyn Cardone, LCSW

Siento que Dios le ha dado sanidad a Melissa después de su abuso y le ha mostrado el camino para seguir adelante con su vida. La ha bendecido con un talento de expresión para que ella pueda compartir su experiencia con otros. Qué forma más bella de usar el dolor propio: en lugar de esconderlo, Melissa está contando su historia, y otras como la suya, para impactar la sanidad de otros miles. Este trabajo es un verdadero regalo de lectura para alguien; para abrir sus ojos, para educar, para traer sanación, para dar esperanza.

– K. Leigh Riser

CONTENIDO

CONTENIDO *(Continúa)*

Dedicatoria

A los sobrevivientes y a nuestros aliados sanadores.

A ustedes que han estado conmigo en este viaje, ustedes saben quiénes son y cómo han contribuido.

A mi familia y a quienes se han convertido en familia.

A Becky, una amiga e inspiración.

A mi hijo.

YWCA New Britain CT Sexual Assault Crisis Service (SACS)

La agresión sexual es más que un dolor momentáneo. Es un evento traumático con un impacto duradero y puede afectar casi todos los aspectos de la vida de un sobreviviente.

Sin un sistema de apoyo, las personas sobrevivientes de violencia sexual tienen más probabilidades de experimentar síntomas de trauma más intensos. Incluyendo miedo, culpa, aislamiento, malos recuerdos, distanciamiento de la realidad, autolesiones o pensamientos suicidas.

Estos síntomas pueden agravarse por dificultades sociales o financieras que surgen tras el abuso, tales como la pérdida de amistades o apoyo familiar, sintiéndose desconectado de una comunidad o de su propio cuerpo que se ha vuelto extraño para el sobreviviente, y perder empleo o ingresos.

Una de las formas más efectivas de recuperarse de esa sensación de estar perdido tras sufrir una agresión sexual, es encontrar una manera de recuperar el control hablando del tema.

Melissa Lombardo, autora de "El Dolor, la Sanación y la Esperanza: Cómo superar más allá de la agresión sexual" ha encontrado una manera de hacer precisamente eso mientras explora la diversidad de voces y experiencias de los sobrevivientes.

Melissa comenzó su viaje después de conocer a una defensora de víctimas de agresión sexual, después de una agresión sexual aproximadamente hace 20 años.

Trabajar con una defensora plantó una semilla que la llevó por un camino emocionante e inesperado, que involucraba viajar por el mundo, contar su propia historia, estar con grupos de apoyo y autorreflexión.

Este período de sanación y recuperación le brindó la oportunidad de interactuar con otros sobrevivientes, aprender sobre las formas en que la violencia sexual puede afectar una vida y usar su voz para crear conciencia sobre una experiencia que muchos han tenido, pero de la que muy pocos hablan.

A través de su obra, los lectores entienden que la violencia sexual es un delito que no discrimina raza, etnia, nivel socioeconómico, género, edad, capacidad u orientación sexual.

La YWCA New Britain está orgullosa y entusiasmada de escribir el prólogo de este importante trabajo.

El Servicio de Crisis de Agresión Sexual (SACS, por sus siglas en inglés) de la YWCA de New Britain, un centro miembro de la Alianza de Connecticut para Acabar con la Violencia Sexual ofrece servicios de apoyo a los sobrevivientes de violencia sexual y a sus seres queridos.

En SACS, nos esforzamos por honrar a cada individuo a medida que encuentra su propio camino, único y significativo hacia la recuperación de sus vidas.

El principio fundamental de nuestro trabajo, es que cada sobreviviente tenga el control total de lo que sucede después de una agresión.

Cada persona sanará a su manera, en su propio tiempo.

Nuestro objetivo es empoderar a los sobrevivientes con la información y los recursos que necesiten para que ellos tomen sus propias decisiones sobre la atención y el apoyo que ocupen para comenzar a sanar, ya sea a través de terapia, activismo, voluntariado, trabajo con animales, expresiones artísticas, el desarrollo del bienestar físico, prácticas holísticas y otros métodos.

Nuestros defensores están siempre disponibles a través de la línea directa de apoyo para la crisis.

Ofrecemos ayudar a nuestros sobrevivientes a enfrentarse a los complejos sistemas que pueden encontrar después de sufrir una agresión.

Dependiendo de las necesidades de cada sobreviviente, encontramos los servicios que funcionan para ellos y los ayudamos a crear su propio plan de apoyo individualizado y objetivos a largo plazo.

Esto quiere decir que se le ayuda a encontrar una vivienda segura, recibir asistencia financiera para satisfacer sus necesidades básicas, trabajar con un abogado para explorar opciones legales, asistir a grupos de apoyo, encontrar servicios de salud mental a largo plazo o simplemente procesar sus experiencias con su defensor.

Nuestro programa se siente honrado y agradecido de que Melissa haya decidido donar una parte de las ganancias de la venta de sus libros de la primera edición para beneficiar directamente a otros sobrevivientes de nuestro programa.

Estos fondos permiten comprar alimentos para un sobreviviente que haya perdido su trabajo, un Uber para un sobreviviente que necesite regresar a casa desde el hospital, un teléfono para una persona en una situación de violencia doméstica, suministros de pintura para un grupo de apoyo a sobrevivientes y otros innumerables costos asociados para mantener a los sobrevivientes seguros y apoyados.

Esperamos que esta obra de arte brinde consuelo y sirva como catalizador para que sus lectores continúen encontrando su voz y la sanación deseada en su viaje

Atentamente,

Equipo SACS de YWCA New Britain.

Advertencia sobre el contenido

Este es un libro y una obra de teatro sobre la violación, la agresión sexual y sus consecuencias. Muchas personas, incluyéndome a mí, hemos sufrido violencia sexual y trauma y seguimos sufriendo efectos a largo plazo.

Con tantos mitos sociales sobre la violación, es posible que no estés seguro de lo que significa una violación.

Para el propósito de este libro, utilizo la definición de violación como "penetración forzada o coaccionada de cualquier abertura corporal utilizando los genitales u otro objeto manipulado por otra persona" (Kennedy y Hock, 2000, p. 43).

Las siguientes páginas contienen historietas, cuentos cortos, monólogos y detalles del dolor y la sanación resultantes de experiencias traumáticas que incluyen violación, agresión sexual, violencia doméstica y el abuso sexual infantil.

Prefacio

Nuestras voces necesitan ser escuchadas.

Este "proyecto" comenzó mucho antes de que se considerara un proyecto. Mi experiencia como sobreviviente y mi amor por la palabra escrita me llevaron a escribir una parte de mi proceso de sanación.

Años después del incidente, mientras completaba la fase presencial de mi maestría en The School for International Training (SIT) en Brattleboro, Vermont, tuve la oportunidad de planificar las actividades anuales del Mes de Concientización sobre la Agresión Sexual (S.A.A.M., por sus siglas en inglés).

Al revisar páginas de experiencias de anotaciones en el diario, hice una colección de monólogos entrelazados basados en mi propio proceso de sanación y experiencias en torno a la agresión sexual.

Estos monólogos se presentan en "El Dolor, la Sanación y la Esperanza: Cómo superar más allá de la agresión sexual" de anteriormente titulado "Regresando al estado de mi cuerpo: un desgarro en el velo", el cual fue un primer borrador vocalizado para el evento final de S.A.A.M. en el campus de SIT en abril del 2005.

Las breves historias entrelazadas que estás a punto de leer o vocalizar dan vida a mi proceso de sanación después de una agresión sexual.

Si eres un sobreviviente como yo, mientras lees "El Dolor, La Sanación y La Esperanza" en forma de libro, puedes decir las palabras en voz alta, dando vida a cada personaje mientras encuentras tu propio camino a través del dolor y hacia la sanación y la esperanza.

Antes de iniciar este viaje de lectura o vocalización, es beneficioso pensar en cómo procesar las emociones que puedan surgir.

Sería de mucha ayuda si escribes un diario, hablas con un amigo o un terapeuta, o incluso si te tomas un descanso de la lectura.

La sanación no ocurre de inmediato, pero como ocurre con todos los nuevos comienzos, este es un comienzo.

Como es una pieza teatral, comienzo con el Acto I – Dolor, la(s) experiencia(s) traumática(s), luego paso al Acto II – Sanación y termino con el Acto III – Esperanza para el futuro.

Si bien mi relato sirve de base para el trabajo, se entrelazan experiencias inspiradas en otras personas y situaciones.

Sin embargo, debo decir que, el trauma afecta a cada persona de diferente forma, y el proceso de sanación de cada uno es personal.

He integrado las experiencias de otros para brindar profundidad y contribuir a la comprensión de la relación entre los hilos comunes de la violación, la agresión sexual, el abuso infantil, la violencia doméstica y la sanación.

No me atrevería a escribir mi historia si no fuera por mi preocupación y deseo por la sanación de otros sobrevivientes y de quienes los apoyan.

Es para estas personas que he creado este trabajo, con la esperanza de que se rompan más silencios y comience una mayor sanación.

En luz y sanación, prosperando más allá de la agresión sexual.

Personajes y Direcciones Escénicas

Personajes

Cada parte hablada refleja la experiencia de diferentes personas que muestran puntos comunes y el trauma universal de la agresión sexual. A lo largo de la obra, estas cuatro poderosas voces principales, así como lectores externos transmitirán una variedad de emociones al público.

Como pieza teatral, esta obra de 3 actos puede tener lugar en un escenario pequeño e íntimo para un elenco de (6) cuatro personajes principales y dos lectores externos adicionales que toman un total de 70 a 80 minutos para actuar, con la opción de realizar un debate posterior para crear conciencia sobre la violencia sexual y la sanación.

Cada personaje está vestido de negro con un pañuelo de diferente color (turquesa, azul, naranja y amarillo) colocado en una parte visible de su cuerpo, es decir, el cabello, el cuello, como faja o un chal.

Para usarse en el guion, los personajes se llamarán "ALI" en turquesa, "BAE" en azul, "CHI" en color naranja y "DAE" en amarillo.

Los nombres no son ni femeninos ni masculinos. Los cuatro personajes cuentan sus historias a la audiencia y, a veces, entre sí. Las historias a veces son sobre ellos mismos y otras veces sobre otros.

En la mayoría de los casos, las historias se cuentan directamente al público. Dos lectores invitados pueden sentarse en el área de la audiencia para decir su parte y/o subir al escenario cuando sea su turno de leer. Vestir de negro con una bufanda de diferente color es opcional para los lectores invitados.

Direcciones escénicas

Hay cuatro banquillos en medio del escenario al frente de un pequeño teatro con dos banquillos adicionales a un lado del escenario.

Se debe colocar un banquillo adicional, un sombrero de ala ancha, un micrófono que no funciona y un diario detrás del asiento donde se sentará el personaje "DAE", para su uso posterior.

Al inicio de la obra, las luces previamente dirigidas al frente del escenario se atenúan mientras el resto de las luces se apagan lentamente.

Las únicas luces al comienzo de la actuación son las luces previamente atenuadas.

A los lados y al frente del escenario hay velas o linternas que darán la apariencia de iluminar el área cuando los personajes ingresen al escenario desde la parte de atrás del teatro.

Cuatro personajes serios y sombríos entran al escenario desde un costado, y cada uno trae una vela o una linterna mientras caminan hacia el frente del escenario principal.

Una música lenta, casi meditativa, suena mientras los personajes entran al escenario y colocan la vela o farol con las que ya estaban en el escenario para dar la idea de que los cuatro que están entrando están aportando luz adicional al escenario.

Las luces restantes del escenario comienzan a iluminar lentamente mientras se apagan durante aproximadamente un minuto.

Cada personaje coloca su pieza de utilería en el piso del escenario frente a donde se sentará y toma asiento en su banquillo.

ACTO I
EL DOLOR

ALGUIEN COMO NOSOTROS

(Dirección escénica: Título leído en voz alta por ALI)

ALI: ¿Quién escribe sobre nosotros? ¿Quién escribe realmente sobre nosotros? ¿Quién nos entiende?

BAE: Muchos preferirían voltear la cabeza, cerrar los ojos, ver hacia otro lado, vivir mirando hacia abajo mientras caminan, y la mayoría ni siquiera saben lo que hay dentro de cada uno de nosotros

CHI: Y cuando algunos lo saben, puede que sólo nos miren, tratando de consolarnos, tratando de hacernos reír, viendo nuestras emociones con tal sencillez que nos enoja por dentro.

DAE: No busqué esta experiencia más, de lo que quería dormir bajo un puente en el frío invierno de este país después de haber sido violada. No, mi búsqueda es más que eso. Mi búsqueda es real; busco la compasión, la comprensión que viene con la experiencia.

Quizás por eso muchos no quieren reconocernos a menos que sean uno de nosotros o conozcan a alguien como nosotros

SENTADA

(Dirección escénica: Título leído en voz alta por cualquier personaje excepto ALI, con una pausa entre el título y el inicio del diálogo).

CHI: Sentada...sola y sin lugar a donde ir. Escuchaba las conversaciones de los adultos desde la sala. Como primogénita, ella esperaba ansiosa al futuro hermano.

¿Una niña o un niño? Mamá le dijo que incluso podría ayudarla a cuidar al nuevo bebé y que a veces incluso podría sostenerlo en su regazo.

BAE: ¿Abrazaría ella al nuevo bebé de la misma manera que él la había abrazado?

CHI: ¿Tendría ella que tocar al nuevo bebé donde él la había tocado?

DAE: ¡No!, ella no tocaría así al nuevo bebé, papá tomó una decisión por ella.

CHI: Papá gritó al ver la forma en que "ese hombre" la tocaba. Nunca escuchó a papá gritar tan fuerte.

BAE: Y ella nunca volvería a oír a papá gritar así...jamás.

Nadie volvió a ver a "ese hombre" y papá ni siquiera explicó por qué. Y la niña ahora elige sentarse sola.

ALI: Solo tengo cuatro años y estoy sentada sola.

UNA VEZ SE SENTÓ SOLA

BAE: Una vez se sentó sola y seguiría sentándose sola. Aunque hubo una vez, justo cuando estaba saliendo de su silencio. Ahora tenía ocho años. Mamá y papá llegaron a casa esa noche y la vieron aturdida. El niñero simplemente sonrió y les dijo que se había caído.

Les dijo que ella estaba molesta, pero, oh, no se preocupen, ella estará bien, él había hecho un chequeo minucioso, un chequeo muy minucioso...

ACOSTADA...SENTADA, PERO MUCHOS AÑOS DESPUÉS

CHI: ¿Es una mentira negarle a tu hija lo que puede o no recordar? ¿Qué tal cuando ese niño pregunta qué les pasó hace tanto tiempo?

¿Es mentira fingir desinterés? Que se retuerza en el secretismo, y sí, es crear una mentira al no contarles un detalle tan importante de sus vidas.

Y así continúa. Ahora es ella quien se acuesta, voluntariamente, esta vez en posición horizontal sobre una cama.

Se supone que él debe amarla y tratar de comprenderla. Este es su primer novio, un "hombre" mayor para ella que tiene quince años.

Él es celoso y posesivo con su joven cuerpo. En lugar de intentar comprenderla, se acuesta a su lado, se quita la ropa, la amontona en el suelo, arde de frustración y se aleja de ella.

Ella se vuelve hacia él para suavizar su dolor, haciendo a un lado sus propias heridas, se encuentra enfrentándose no a él sino a su virginidad. Se da por vencida y pierde su virginidad; todavía es muy joven a los quince años.

DAE: ¿Toma él todas las decisiones sobre lo que harían como pareja? ¿O se sale con la suya y no te deja hacerte valer?

¿Alguna vez te ha prohibido acercarte a la gente que conoces o te ha presionado para que hagas algo que no quisieras hacer?

ALI: Sí, sí, sí...*(lo dice con un tono sexualmente sugerente, pone una mirada de tristeza y después un triste suspiro de derrota).*

CHI: *(lo dice como en chiste burlón despectivo, burlándose)* Pudo haber sido una violación en una cita, podría ser un violador...*(Habla normal en esta última parte)* y muy probablemente abusivo.

EL DAÑO
(Diálogo entre ALI y BAE)
(Dirección escénica: Título leído en voz alta para que cualquier personaje lo enfatice)

ALI: Me hicieron daño.

BAE: Me violaron.

ALI: Me lastimaron mucho.

BAE:	Me violaron gravemente.
ALI:	No puedes ver las cicatrices.
BAE:	Muchos años después todavía no veo esas cicatrices.
ALI:	Hubo cortes.
BAE:	Hubo cortes ahí abajo.
ALI:	Vi sangre.
BAE:	No mucha, pero vi sangre.
ALI:	Me hicieron daño.
BAE:	Fui violada.
ALI:	Me lastimaron mucho.
BAE:	Fui gravemente violada.
ALI:	Violada.
BAE:	Herida.

ALI y BAE *(Hablan con fuerza al mismo tiempo)*: Cicatrizados

DIÁLOGO DE IDA Y ADELANTE

(Dirección escénica: alternando entre cuatro personajes, no hay título para leer en voz alta)

ALI:	Tenía cuatro, doce y quince años.
BAE:	Yo tenía veintiuno.
CHI:	Yo seis, diecinueve y veinte años.

Lector invitado *(se pone de pie entre la audiencia y dice)*: Yo tenía catorce años.

DAE:	Tenía cinco, seis y siete años y era adoptado.
ALI:	Yo…*(una pausa)*…por gente que conocía.
CHI:	Un amigo de la familia, mi novio abusivo y mi compañero de clase.

Lector invitado *(se levanta de un lugar entre la audiencia)*: Una prima mayor.

ALI:	Por un familiar, una niñera y mi novio.
BAE:	Un compañero de clase en mi campus universitario.
DAE:	Mi padrastro me violó…y luego me convertí en madre.

NO ES TU CULPA

(Dirección escénica: Título leído en voz alta para enfatizar, por cualquier personaje, excepto DAE)

DAE: Estábamos jugando la primera vez que me tocó. "Cosquillas" me dijo y me preguntó si le haría cosquillas a él también...

ESTE FUE EL HOMBRE...

BAE: Despés de todo, este es el hombre con el que su madre eligió casarse. No quiere ser la causa de que otra de las relaciones de su madre se arruine. Se siente culpable, incluso avergonzada. No quiere estar en casa...pero tampoco quiere estar en la calle. Ella tiene quince años. Quizás su madre lo prefirió a él antes que a ella.

Tal vez su madre ni siquiera se dé cuenta de que este hombre es un monstruo. Pero su madre es una mujer adulta. ¿Cómo es posible que ella no se dé cuenta de esto? Aun así, no quiere que su madre la culpe.

Tal vez su madre le crea más a él que a ella, tal vez él le diga que ella se le había insinuado. Él se lo dijo al estar casado con su madre, y ella, al ser hija de su madre, es una extensión de su madre que de alguna manera permite continuar con el abuso. Sentía que no tenía elección, nadie a quien acudir.

CHI: Finalmente fue años después que su madre decidió divorciarse de él, más motivos para no decir nada; no quería empeorar el proceso.

Recordó cómo fue cuando su propio padre los abandonó, el dolor, el sufrimiento. No quería volver a lastimar a su madre.

Nunca le contó a nadie sobre las llamadas telefónicas nocturnas que hacía su ahora ex padrastro, llamándola en la oscuridad de la noche, diciéndole que la deseaba y que en realidad nunca quiso a su madre.

¿COMO LOS NIÑOS VIVEN CON ESO?

ALI: ¿Cómo crecen los niños con abuso sexual a su alrededor?

Abuso sexual bajo las sábanas, en la ducha, jugando con tu camioneta roja nueva y brillante favorita en el piso junto a la mesa de la cocina, a solas con "él" cuando papá o mamá entran a la habitación y no hacen nada cuando ven a tu abuelo tocándote de una forma que no es como lo haría un abuelo.

CHI: Se hizo una encuesta, una encuesta informal entre hombres adultos de una familia que habían sido testigos de todas las formas de abuso cometido por sus padres, abuelos, tíos e incluso hermanos. Hablamos con estos hombres, ahora adultos, sobre eventos traumáticos en sus vidas. Todos habían sido testigos de abusos, tanto sexuales como físicos, y había un vínculo entre todos ellos.

(Dirección escénica: pausa larga entre párrafos)

BAE: *(se levanta para hablar y luego se sienta, imitando una voz más baja y gruñona)*: "A veces es mejor que te enfoques en lo bueno, en olvidar, en vivir, en salir adelante".

Lector Externo *(se pone de pie para hablar y luego se sienta)*: "El hombre que murió...era un buen hombre; él se hizo cargo de su familia".

DAE: *(se pone de pie para hablar y luego se sienta, imitando una voz de barítono más grave)*: "Recuerdo los veranos en el parque, jugábamos a la pelota juntos y él llevaba a mi hermana a bailar al salón de baile local".

CHI: Sí, todo esto dicho sobre un abusador, física, emocional y sexualmente, que incluso en la muerte parece controlar a su familia...la familia que lo llora como si fuera un santo, como si no hubiera hecho nada en absoluto.

(Dirección escénica: pausa larga entre párrafos)

CHI: ¿Entonces cómo los niños crecen con abuso? ...Ellos fingen.

Y EL LA TOMÓ
(Dirección escénica: Título leído en voz alta para enfatizar,
cualquier personaje, excepto DAE)

DAE: Y la tomó violentamente por detrás...Detrás de su sonrisa, él ocultaba ira desde un lugar que ni siquiera ella se atrevía a conocer. No era así cuando se conocieron, o eso pensaba ella. Siempre la trató con amabilidad...hasta que se casaron.

Esas sonrientes fotos de boda parecían ser de otra vida, ni de ella ni de él. Su familia, sus padres...vivieron la misma vida.

"Nosotras las mujeres tenemos que ser fuertes", le dijo una vez su suegra. Ambas fueron golpeadas cuando ella, sin saberlo e inocentemente, le repitió esto a su marido.

Y ahora, aquí estaba ella, su marido aprovechando sus sagrados votos matrimoniales, los niños en la otra habitación fingían no conocer las intenciones de su padre, y él, cada vez más enojado con ella por su falta de emoción, enojado porque no lo dejaba tomarla tan fácil y violentamente por detrás.

ELLA FUE VIOLADA

CHI: Ella fue violada.

ALI: Tuvo su bebé a los dieciocho años.

BAE: Ella fue violada.

ALI: Por alguien que ella conocía.

BAE: Ella fue violada.

CHI: Ella nunca confió en él. Y ahora está acostada sobre la mesa en la cocina de este tipo.

ALI: Una niña es violada y engendra un niño.

BAE: Un niño es entregado a una agencia de adopción.

ALI: Ninguno pueden cuidarse a sí mismos.

BAE: Ella fue violada.

Todos los personajes: Fuimos violadas.

¿REALMENTE LAS COSAS PASAN TRES VECES?
(Dirección escénica: ALI lee el título en voz alta, CHI lee la historia completa)

CHI: Tres tiempos, tres lugares diferentes y tres caras diferentes. Mi madre siempre decía que las cosas pasan tres veces.

Abusada cuando tenía unos seis años, no recordaba mucho, solo recordaba lo que me dijeron mis padres. Muchos años después, a los diecinueve, un novio abusivo se aprovechó por completo de mí.

Tuve que huir a casa de un amigo y esconder mi carro para que no pudiera encontrarme. Tenía miedo de que entrara a la casa y tratara de secuestrarme.

Recuerdo la llamada telefónica, las veces que merodeaba en su vehículo y la forma en que aparecía en mi apartamento y se sentaba afuera esperándome. Estaba tan asustada.

La tercera vez, las cosas que suceden de a tres llegarán a su fin. Estaba cuidando la casa de un amigo extranjero mientras él regresaba a su país de origen. Estaba lejos de mi entorno familiar en una zona aislada del pueblo.

Siempre tuve amigos, pero después de esta experiencia fui diferente. No quería ver a nadie. Era otra persona. El culpable era alguien que yo conocía. Un ex compañero de clase.

Salimos al mismo tiempo, del mismo edificio, había un examen pronto, acordamos encontrarnos y estudiar. Después cenamos y él no se fue hasta conseguir su postre.

Cuando finalmente acabó, se fue y no pude decírselo a nadie. Me había amenazado. Yo no quería hablar ni pensar en eso. No quería que nadie lo supiera. Quería fingir que no había pasado y me quería morir.

Llevo mucho tiempo viviendo así. He tratado de bloquear mi pasado lo mejor que pude y empezar de nuevo. Mi familia no lo sabe, ninguno de mis amigos...tú tampoco. Echa un vistazo en este lugar. Vamos, mira a tu alrededor.

¿Sabes qué?

Puedes mirar todo lo que quieras y nunca me encontrarás. Podría ser la persona que se sienta a tu lado en clase o en el bus. Podría reírme a carcajadas de uno de tus chistes, incluso podrías haber sido uno de mis novios.

Pero nunca lo sabrás, porque me he convertido en una estadística, una estadística sin nombre y sin rostro.

MI CULPA

(Dirección escénica: Título leído en voz alta, excepto por BAE)

BAE: Es culpa tuya, me dijo, después de lo que le pareció mi "confesión", como un sacerdote en el Día del Juicio condenándome a mi propio infierno personal.

ALI: ¿Tu culpa? ¿Realmente dijo que fue tu culpa?

BAE: Sí, dijo que era mi culpa. El amor de mi vida diciéndome que fue mi culpa. Sí, ya sabes, la vieja historia de "culpar a la víctima".Y cuando le pregunté qué quería decir con eso, me culpó: "Sí, es culpa tuya, ya sabes, lo dejaste entrar a tu casa. Conocías a este tipo e incluso lo invitaste a tu casa y cenaste con él."

CHI: Pero eso fue después de que rechazaste amablemente su oferta de comer en su casa, subirse a su auto e ir a su vecindario.

ALI: Y todo eso se hizo en nombre de la seguridad.

BAE: Al parecer eso no fue suficiente. Y decirle eso al amor de tu vida, la primera relación que pudiste tener después de aquella fatídica noche en la que cambió el rumbo de tu vida, quien se supone debe apoyarte, pero ahora ha perdido el sentido común y ni siquiera habla el mismo idioma. Incluso llegó a decir: "¡Aun así LO HICISTE y fue TU elección!"

DAE: Sí, ¡estudiar, cenar, nada de sexo forzado o violación!

A lo que él respondió: "Bueno, tal vez, entonces, sólo tal vez no fue tu culpa".

Todos los personajes excepto Ali, hablan al mismo tiempo *(el énfasis crece con cada repetición)*: ¡¿Tal vez?!...¡¿Tal vez?!...¡¿Tal vez?!

BAE: Exacto, y fue entonces cuando comencé a huir. Huir fue la historia de mi vida durante muchos años.

MI CUERPO

BAE: Rígido, insensible.

Se le ha dado demasiada importancia.

Me dejé llevar demasiado.

Por lástima y autodegradación.

Dejando que se aprovechen de mi cuerpo.

Sin satisfacer mis propias necesidades.

Sirviéndoles a ellos.

Un ámbito de vida que me habita me inhibe, me prohíbe y abusa de mí.

DÍA DE ENTRENAMIENTO
(Dirección escénica: Título leído en voz alta por ALI)

CHI: Fue una vez, una experiencia horrible. Un conocido usó la fuerza y la intimidación para conseguir lo que quería.

DAE: Fue una vez en un restaurante de comida rápida, en su primer día de entrenamiento.

CHI: Eso fue entonces, esto es ahora.

DAE: Le dio una bebida con una pastilla de las que usan para violar, la llevó a su casa y la violó.

BAE: Fue más de una vez. Mi mejor amiga fue abusada sexualmente por su tío desde muy joven. Su madre murió. Vivía con su padre adicto y su hermano. La sacaron de su casa y la pusieron en un orfanato.

CHI: Él está en mi pasado. He aprendido mucho desde entonces. Él y su recuerdo dejaron una huella, puede que sea parte de mi pasado, pero de ningún modo es MI PASADO.

BAE: Abandono, abuso sexual, desnutrición, era demasiado joven para saber lo que estaba pasando.

DAE: Le tomó tiempo darse cuenta de lo que le había pasado. Soñaba con una oscuridad sombría e imágenes borrosas. Las pesadillas invadían sus sueños.

BAE: Le pasó a su hermana mayor que vivía su vida en silla de ruedas. Finalmente decidió hablar. Ambas testificaron en el juicio de su tío. Acontecimientos horribles expresados ante un gran jurado, una condena y una sentencia.

CHI: La experiencia está compuesta de una larga lista de experiencias de las cuales uno aprende.

DAE: Celebramos el fin de las pesadillas y el comienzo de su futuro.

CHI: Vivo el AHORA, no vivo el DESPUÉS.

Vivo en el presente, no en el pasado.

Voy hacia el futuro, aunque no puedo evitar mirar hacia atás. Tengo el control de mi vida, no él.

El tiempo es ahora. Avanzaré.

FIN ACTO I

ACTO II
LA SANACIÓN

PERMANECEMOS UNIDOS

(Dirección escénica: Título leído en voz alta para que cualquier personaje lo enfatice)

BAE: La violación, ¿qué significa para ti?...¿Agresión sexual? Ah, ¿te parece bien ese significado? ¿Te trae a la memoria alguna imagen, un rostro, muchos rostros, conocidos, desconocidos, viejos, jóvenes, niñas, niños, hombres y mujeres? ¿Qué tal esposas, novias, novios, maridos, compañeros de clase, tu hermana, tu madre, tu tío e incluso tú o tu padre?

La violación y la agresión sexual no discriminan, no ven color, edad, género, condición social, le puede pasar a cualquiera.

ALI: Cada 73 segundos una "ciudadana estadounidense" es agredida sexualmente. 8 de cada 10 de esas violaciones son cometidas por una persona conocida por su víctima. Más del 50% de las violaciones ocurren en el hogar de la víctima.

¿Sabías que una de cada seis mujeres norteamericanas y uno de cada treinta y tres hombres norteamericanos serán víctimas de violación a lo largo de su vida y que los estudiantes transgénero y de color corren un mayor riesgo de sufrir violencia sexual?

La violación es un delito motivado por la necesidad de controlar, humillar e infligir daño.

Todos los personajes *(gritando)*: ¡TODAS LAS PERSONAS UNIDAS! ¡Esta noche es nuestra noche!

(Dirección escénica: Media pausa)

DAE: *(gritando)*: ¿Qué queremos? Todos los personajes: (gritando): ¡No más agresión sexual!

DAE: *(gritando)*: ¿Cuándo lo queremos? Todos los personajes juntos: ¡AHORA! No significa NO y Sí significa SÍ. ¡La agresión sexual es contra la ley!

MI CUERPO DEBE SER

BAE: Mi cuerpo debe ser mi templo, un lugar de consuelo, para reflexionar y pensar en mi vida y en mí misma.

CHI: Mi cuerpo, respetado por mí y por todos los que están en contacto conmigo.

DAE: La intimidad y mis sentimientos sobre cómo veo mi cuerpo están relacionados. Si no tengo sentimientos positivos sobre mi cuerpo, ¿cómo puedo tener intimidad con otras personas en diferentes maneras o situaciones?

ALI: No tengo intimidad y no involucro mis propios sentimientos acerca de mi cuerpo. Si me siento incómoda con mi cuerpo y conmigo misma, ¿cómo pueden los demás sentirse cómodos conmigo si yo no me siento cómoda conmigo misma?

Todos los personajes: ¿Cómo podemos aceptar tan bien a los demás y no aceptarnos a nosotros mismos?

ALI: Debemos trabajar en la forma más importante de aceptación: la autoaceptación.

LA CLINICA - PERDIENDO LA INOCENCIA
(Dirección escénica: Título leído en voz alta por ALI y la mayor parte del segmento es leído por ALI con una intervención de BAE)

ALI: La Clínica. No pensé mucho en eso, que algún día terminaría aquí. Así que aquí estoy, en una casa pequeña y sencilla que me conocía como el número tres-cincuenta-cinco. Este es un lugar de esperanza y un lugar de angustia. Nunca pensé que me harían pruebas así, pruebas de SIDA, clamidia y muchas otras enfermedades.

De hecho, sentada aquí me siento como si fuera una enfermedad andante. Qué irracional de mi parte pensar que una ETS siquiera sería una posibilidad. Y aquí estoy dejando a un lado mi orgullo para intentar recuperar mi dignidad. Pienso en eso mientras estoy sentada en una silla acolchada de plástico roto y aun así, no estoy segura de por qué nunca había pensado en esto antes. De todos modos, ni siquiera importa; aquí estoy "en Una Clínica". Por sólo cinco dólares conoceré mi futuro. El resto de mi vida depende ahora de cinco dólares.

BAE: Es algo así como la lotería. Sabes, desde un punto de vista individual o de algún estudio, La Clínica es como jugar a una máquina tragamonedas. Pagamos nuestro dinero y recibimos nuestro destino. O salimos positivos o negativos. La razón por la que estoy aquí pronto recibirá más que una respuesta de: "Sí, lo tienes" o "No, no lo tienes".

(Dirección escénica: Segmento continuado por ALI)

ALI: Había dos hombres esperando antes que yo. El mayor estaba hablando con uno más joven, que parecía esperar a alguien. "Debemos tener cuidado con las mujeres", dijo uno.

"Pero las mujeres también deben tener cuidado con nosotros", respondió el otro. "número tres, cincuenta y tres", gritó una mujer de rojo detrás del mostrador sin siquiera levantar la vista.

"Todo estará bien, hombre", le dijo el mayor al más joven. "No te preocupes ahora". Entonces el mayor me miró y dijo que quería "compartirme un poema".

Y al instante añadió, "No te preocupes; No intentaré enamorarte".

A lo que respondí: "Pensé lo mismo, después de todo, estamos en una clínica de ETS" y ambos nos reímos ante la idea.

PERTURBADA

(Dirección escénica: Título leído en voz alta para que cualquier personaje lo enfatice)

CHI: Y allí estaba ella, perturbada en su propio cuerpo, otra vez, por milésima vez. ¿Por qué, por qué no se sentía a gusto allí en su propio cuerpo? ¿Dónde estaba su esencia? ¿Ya era humana?

Se estremeció por dentro, buscando constantemente sexo para olvidar, bloqueando imágenes de la violación, el abuso y de todo lo que la hacía sentir sucia. Creando un caparazón hueco de la persona que alguna vez existió.Sí, allí estaba ella, perturbada, dolida, sin saber adónde ir, sin siquiera poder estar *(breve pausa, coloca una mano en el corazón)* …aquí.

LA MADRE DENTRO DE MÍ

(Dirección escénica: Se pone de pie y suavemente agarra la manta del banquillo extra y hace que el personaje la enrolle en una forma que imite la forma de un bebé abrigado mientras camina hacia el frente del escenario)

DAE: La madre que hay en mí quiere proteger al niño que hay en ti. El niño que fue obligado a ver a su prima cambiarse de ropa, el niño que fue obligado a sentarse encima de ella o tenerla encima de él. Todos esos movimientos sugestivos usados como un "juego", hasta ahora lo ves como un abuso. Tenías ocho, nueve o diez años en aquel entonces.

Intentaste decírselo a alguien que dijo que estabas mintiendo y que deberías "volverte macho" y "no ser tan mariquita". El abuso le puede pasar a cualquiera como te pasó a ti.

SÉ UN HÉROE, RECONOCE EL ABUSO

(Dirección escénica: El bebé envuelto en la manta, del segmento anterior, se convierte en un superhéroe con la capa atada holgadamente alrededor del cuello.El título es leído en voz alta para énfasis de cualquier personaje, excepto DAE.Una vez leída esta parte, DAE regresa a su asiento y se quita la capa)

DAE: Te pregunto ¿cómo vas a reconocer el abuso de un hijo, de una hija, de una hermana o de un sobrino? Es difícil, pero lo último que debes hacer es dejar de creer que no existe.

Aunque el abusador pueda ser un tío, un padrastro o un maestro, nunca dejes de creerle a tu hijo. Muchas veces, desearías encontrar otras razones para su cambio de conducta…siempre mantén abierta la posibilidad de que tu hijo está siendo abusado.

Habla sobre el abuso sexual a una temprana edad con tus hijos, involúcrate en sus vidas y busca cambios de conducta, y nunca, NUNCA dejes de creerles cuando te digan que están siendo abusados.Pregunta todo cuanto te sea posible, obtén tanta información como sea necesaria.No los ignores ni te alejes. Préstales toda tu atención. *(Dae vuelve al banquillo).*

ME PASÓ A MÍ
(Dirección escénica: Título leído en voz alta por BAE)

ALÍ: Cualquier cosa.

CHI: Puede pasar, podría pasar.

DAE: Incluso si no quieres que pase.

BAE: *(grita dramáticamente)*: NO dejes que el pasado te impida el presente. Una experiencia horrible no significa que todas las experiencias futuras serán horribles.

Todos los personajes excepto BAE (en voz baja o en susurro): Difícil de decir, más difícil de creer.

SANACIÓN
(para Anshul)
(Dirección escénica: Título leído en voz alta por ALI)

DAE: SANACIÓN, ellos no sabían que la salvaron en el proceso de salvar a otra...

BAE: En tu universidad salvaste a una chica de ser violada, esa fatídica noche en el dormitorio de uno de los muchos campus universitarios en el mundo.

DAE: Lo que fuera que iba a pasar no pasó gracias a ti.

CHI: "Pero desearía haber estado ahí para ayudarte; Ojalá hubiera estado allí para hacer algo".

CHI: "No merecías que esto pasara, Dios mío, ¡¿por qué tuvo que pasarte esto a ti?!"

ALI: "¿Pero no lo ves? Estuviste allí para salvarme, me ayudaste, hiciste algo, porque cuando la salvaste en el pasado, me salvaste a mí en el futuro. Gracias a personas como tú es que mi proceso de sanación continúa".

Y ÉL ME DICE
(Dirección escénica: Título leído en voz alta por ALI. El primer lector invitado lee el segmento. El lector invitado se pondrá de pie para entrar al escenario con una vela o linterna, la pondrá frente a su banquillo y se sienta antes de leer. Al final de la lectura, el lector invitado, se queda sentado.)

Lector invitado: Primero. Quiero que sepas que te amo y no soy el único que te ama. Tomaste una decisión consciente de trascender tus experiencias traumáticas y tomaste algunas decisiones difíciles, valientes y necesarias. Siempre has luchado contra la injusticia, pero luchar por ti mismo es algo que has tenido que aprender. Estoy orgullosa de ti por haberlo hecho tan bien, nunca dudé de que lo lograrías.

RECUERDA ESTAS COSAS

(Dirección escénica: Título y segmento leídos por el segundo lector invitado de afuera, que se pone de pie y entra al escenario con una vela o linterna, la coloca frente a su banquillo y se sienta antes de leer. Al final de la lectura, el lector invitado permanece sentado.)

External guest reader: Eres especial y el mundo te necesita. Todo lo que haces es útil. Mantente cerca de aquellos que son amables. Ellos te permiten mostrarte que también eres amable. Si todo lo demás falla, golpea hasta el cansancio un saco de boxeo y pega cuatro gritos contra una almohada...

(Pausa breve)

TÚ

(Dirección escénica: Lee el título en voz alta para que cualquier personaje lo enfatice)

ALÍ: Tú...

BAE: Llora por mí, conmigo, dentro de mí.

ALI: ...Tú.

CHI: Yo.

BAE: Habló mi corazón como lo hizo el tuyo.

CHI: Yo

BAE: Escuché tus palabras sin decirlas.

Todos los personajes: Nosotros.

BAE: Sanación compartida.

Todos los personajes: Nosotros.

BAE: Vida compartida.

Todos los personajes: Nosotros.

...Somos

...Uno.

BAE: Hasta que nos volvamos a encontrar, sonríe por mí. No llores por mí.

FIN ACTO II

ACTO III
LA ESPERANZA

TUS OJOS

(Dirección escénica: Título leído en voz alta para enfatizar. ALI debe ponerse de pie mientras lee un diario y mira a la audiencia durante esta parte de la escena)

ALI: Encontré lo que buscaba...en tus ojos. Al mirarte a los ojos, siento una fe renovada. Ojos que contienen confianza y amor, honestidad y respeto. Casi me había dado por vencida. Todo lo que dejé de buscar, lo veo en el fondo de tus ojos. Encontré una parte de lo que buscaba...en tus ojos. Sin saberlo, la espera por este momento ha valido la pena.

(Dirección escénica: breve pausa antes de continuar)

BAE: Mi sanación ha sido como piedras mojadas después de la lluvia. Una frescura que lavó la suciedad, que limpió el oro del cielo que yace entre ruinas, ¡Dándole a la vida otra oportunidad!

Renaciendo como un rayo de esperanza en una corriente de aguas rejuvenecidas.

(Dirección escénica: pausa antes de continuar)

CHI: Hace tiempo que dejé de sentir y poco a poco me he permitido volver a hacerlo. Los pequeños detalles son los más importantes, y aprecio esos momentos, estos momentos...y ahora puedo bailar de nuevo...¡puedo bailar!

ERA LUNES
(Dirección escénica: Título leído en voz alta por ALI)

CHI: Hoy viví, viví de verdad. Es el comienzo de la semana y el final de mi distanciamiento con el baile.

ALI: Bailé; dí un paso, sólo uno, pero ese paso se convertirá en dos y luego en tres. Un paso que durará más que estos diez segundos.

CHI: Hoy me despojé de una capa y seguí adelante.

ALI: Lo hice y me sentí incómodo. Lo hice, lo superé y estuvo BIEN, más que bien, fue increíble, logré tanto con ese paso de baile que me siento más grande que la vida misma.

ALI: Grito de alegría y me escucho resonar como en un estanque de integridad musical. ¿Me falta movimiento? ¿Me falta la vitalidad por la vida que un día tuve? No puedes decidir por mí...¡yo simplemente lo hice!

TAL VEZ PODEMOS BAILAR
(para I.O.)
(Dirección escénica: Título leído en voz alta para que cualquier personaje lo enfatice. Tocar algunos compases iniciales de una melodía alegre de guitarra antes de leer)

BAE: El aire está fresco, puedo respirar.

Al igual que después de una buena clase de yoga, la sangre fluye libremente por mi cuerpo.

Sentada, en silencio.

Afuera, sola, y entras tú.

No arruino el momento.

Y sin pensarlo mucho pienso: "¡Tal vez podemos, podamos bailar!".

CON TODO ESTO DICHO
(Dirección escénica: Título leído de un diario, en voz alta enfatizado por DAE)

DAE: Soy dueña de mi vida. Tomo decisiones buenas y afectuosas para mi vida.

Viviré mi vida de la manera que me ayude a crecer.

Con las personas que me ayuden a crecer.

Mantendré alejadas a aquellas personas que no merecen estar en mi vida

Mantendré fuera de mi vida todo lo que no me ayude a crecer.

Soy dueña de mi vida.

Merezco todo lo bello.

Estoy recuperando el control de mi cuerpo y de mi vida.

HOGAR
(Dirección escénica: Leer el título en voz alta para que cualquier personaje lo enfatice)

ALI: Finalmente encontré mi camino.

CHI: Estar en casa es un sentimiento; es el hogar, es mucho más que un lugar, estoy en casa en mi cuerpo, estoy en el hogar de mi alma.

DAE: Yo soy mis decisiones.

ALI: Yo soy mis logros.

BAE: Mirando hacia atrás, no me daba cuenta de hasta qué punto mi fractura emocional estaba cambiando tan drásticamente mi regreso a través de la sanación. Cada nuevo día me llevaba a un lugar que ni siquiera podía comprender. Con frecuencia me preguntaba: ¿Adónde me llevaría todo esto? Me sentía tan pequeña en un mundo tan grande.

¡VOLVIENDO AL ESTADO DE MI CUERPO!
(Dirección escénica: Título leído en voz alta por ALI) *Este es un formato de entrevistador y entrevistado para un programa de entrevistas. DAE habla durante esta parte como dos personajes (uno como entrevistador y otro como entrevistado), de pie y cambiando de posición frente a la audiencia mientras DAE cambia entre "personajes".

DAE como Entrevistador: Hola y buenos días, ¡vaya mañana! Bienvenidos a nuestro programa "Regresando al Estado de Mi Cuerpo". Hoy estamos aquí hablando con nuestra invitada especial, Yo. Bienvenido a nuestro programa, Yo.

DAE entrevistado: Gracias, gracias; es un placer estar aquí, no sólo aquí en su programa, sino en el "Estado de Mi Cuerpo".

DAE como entrevistador: Yo, para que todos sepan, ¿puedes explicarnos un poco adónde fuiste y qué has hecho durante los últimos cuatro años cuando no podiamos encontrarte?

DAE entrevistado: Por supuesto. Durante los últimos cuatro años abandoné el "Estado de Mi Cuerpo" en busca de algo.

Fue, déjame decirte, fue una experiencia que me empujó fuera del trauma, lejos de los recuerdos, y sin saber qué más hacer, ni que me había ido del todo, me fui, sí, me fui del estado más preciado en el mundo por un lugar muy protegido y seguro, pero también sin alegría y sin vida...hasta ese fatídico día, el día en que regresé...

DAE como entrevistador: Lo que me estás compartiendo, es increíble porque debe haber sido muy difícil regresar.Lo que realmente queremos saber es cómo regresaste y qué pasó para que cambiaras de opinión y regresaras. ¿Puedes contarnos sobre eso?

DAE entrevistado: Queridos amigos, familiares y conocidos, cuando me fui perdí la alegría y las ganas de vivir, e incluso despertar cada mañana y cumplir con la rutina de un día se convirtió en la cosa más difícil. En los cuatro años que estuve fuera, viví alejado del centro del estado de mi cuerpo.

Pero a pesar de todo, hubo cambios, pequeños, la noche en que pude subirme a un taxi con un extraño, el día en que no me desperté llorando, el momento en que pude empezar a cuidarme sin que los demás me presionaran, la vez que sonreí, y fue real.

Un día me di cuenta de que los cambios no pararían y que tendría que volver a entrar al estado que abandoné hace tantos años. Bueno, eso me dio un terrible miedo, pero al final, con cautela salté sobre el primer rayo de sol y comencé el viaje de regreso a mi corazón, la capital del "Estado de Mi Cuerpo". Finalmente, paso a paso, seguí avanzando, usando diferentes métodos para la búsqueda de mi alma, tomé lo que cada uno me ofrecía y a como puedes ver ahora, aquí estoy.

DAE como entrevistador: Lo que estás compartiendo es maravilloso.

DAE entrevistado: Gracias. Cada día es un paso. Algo aprendí en esos cuatro años, aprendí que las cosas no siempre son tan buenas, pero con la fuerza para volver, lo que se gana al final es el mejor regalo del mundo. Regresar al "Estado de Mi Cuerpo" me deja sin palabras.

Créanme cuando digo que me sentí maravillosa, llena de vida y feliz cuando finalmente regresé. Es exactamente así, se puede ver el resultado de tanto trabajo, he encontrado la recompensa más grande, la de ese viaje en busca del arco iris, el "Estado de Mi Cuerpo". La sanación es justamente eso. Es eso y más, y estoy muy feliz.

DAE como entrevistador: Gracias y bienvenida de nuevo.

DAE entrevistado: De nada, estoy muy feliz de estar aquí con todos los que me apoyan.

(Dirección escénica: pausa corta)

DAE como entrevistador: Ahora escuchemos algunas de nuestras canciones favoritas mientras regresamos a la programación regular...(Pausa larga)

DAE como entrevistador: Sí, algunas canciones y la presentación de una persona que ha sanado, que encontró su voz durante su proceso de sanación...

PUEDO CANTAR

*(Dirección escénica: Título leído en voz alta por ALI) *Esta es una pieza muy animada, inspirada en personas y monólogos anteriores a "Dolor, Sanación y Esperanza". El lector debe estar de pie con un micrófono de utilería que no funciona y usar toda el área del escenario para atraer a la audiencia.*

BAE: Al principio ahí estaba yo, una pequeña "vagina" inocente protegida sólo por unos calzones de algodón blanco que compró mi madre. Los usé desde el día que dejé los pañales hasta el día que descubrí la lencería sexy. Fue entonces, a la edad de quince, cuando dejé atrás la ropa interior de abuela con la esperanza de encontrar pastos más verdes.

Hubo un día fatídico que me llevó a creer que los pastos más verdes sólo existen en los cuentos de hadas. No, no fue la llegada de mi período lo que me asustó hasta la muerte.

No, el día del que hablo es el día en que fui "descubierta" por otros, o más particularmente, por un "otro", a quien realmente no le importaba qué ropa interior llevaba puesta, ni lo bien que olía después de un buen baño. No, te lo digo, no era importante si me dejaba crecer el pelo bonito o me convirtiera en una vagina madura. Demonios, a ese idiota le era indiferente en cualquier forma.

Después de ese día decidí cortarme el pelo, no bañarme y básicamente olvidarme de que yo existía. Pero esto no podía ser para siempre, aunque los calzones blancos de la abuela siempre estarían disponibles.

Mmm, poco a poco decidí dejarme crecer el pelo otra vez, algo así como un despertar simbólico, si me lo preguntas, aunque puede que ese tipo de cosas te parezcan un poco raras. Ahora, años después, tomé lecciones de canto. Sí, (breve pausa) yo, alguien que ni siquiera…cantaría en la ducha, ahora canta. Vamos, ríete todo lo que quieras, solo espera y verás, luego serás tú quien me pedirá contratarme para tu próxima celebración.

BAE continúa. *(Canta las siguientes letras inventadas en cualquier estilo)*: Nunca supe cuánto me amaba, nunca supe cuánto me importaba. Cada vez que doy un paso adelante es una sensación que me encanta sentir, me sana…(El canto se apaga)

Ves, te lo dije, puedo cantar, y sabes qué, ahora es mi turno de contarte un pequeño secreto, acérquense gente linda que aquí voy. Los que me precedieron me inspiraron a hablar. A medida que pasó el tiempo, decidí que era hora de empezar a cantar sobre…(Pausa)…nosotros, los sanadores, los sanados. Déjenme compartir algunas de las canciones con ustedes para que puedan cantar en voz alta en los años venideros…

ALI: Vamos ahora…

BAE: Vamos todo el mundo.

ALI: ¿Crees en ti misma…? porque tengo algo que decir al respecto. Es algo así… (Tanto BAE como ALI, cantan la siguiente letra inventada):

No seas el segundo mejor, sé tú mismo y ponlo a prueba. Ya sabes, ya sabes, tienes que hacerlo. Expresa cómo te sientes. Y luego conviértete en la estrella brillante que realmente eres.

BAE: y, …*(Tanto BAE como ALI cantan la siguiente letra inventada)*:

"Solo queremos sanar y divertirnos, oh sí, sí, sí, vamos a sanar y divertirnos". Entonces, ¿te gusta? ves, te lo dije. Una vez que pude comenzar a sanar, sentí que todo mi mundo se abría y sé que lo mismo te puede pasar a ti. Oye, y una cosa más, si quieres apuntarte a clases de canto, estaré por allá después de la presentación.

BAE: *(Señala hacia el fondo de la habitación).*

PERDONÁNDOME A MÍ MISMA

(Dirección escénica: Título leído en voz alta por ALI)

CHI: ¿Cómo puedo perdonarme a mí misma y seguir adelante? No existe otra manera. Debo seguir adelante y continuar sanando para mi propia paz interior y mi futuro. Nadie controla mi vida más que yo misma. Ellos no me controlan. Debo tener compasión con mi versión más joven. Me perdono por el dolor que cargué dentro de mi por tanto tiempo, Sigo adelante. Soy hermosa.

ALI: Yo era callada, o así me percibia, y a veces todavía lo hago. Cuando era niña no era tan asertiva como lo soy ahora. Como mujer he crecido junto con mi cuerpo. He puesto límites, roto barreras, dicho lo que pienso y sigo haciéndolo. Confío en mis instintos más que nunca; busco la bondad sabiendo que no todo es bueno y estoy bien con eso.

DAE: He recorrido un largo camino y aún me queda camino por recorrer. He logrado mucho y ahora, como mujer, tengo más propósitos. Estoy aprendiendo y empezando a lograr un nuevo equilibrio.

BAE: Soy una mujer y depende de mí reconocer la belleza en mi vida y en mí misma. No quería sentir, sentir era reconocer y reconocer era afrontar el dolor. Sentir significaba confrontar. Significa reconocer una iniciación muy dolorosa a la feminidad. Si esto era la iniciación de una mujer adulta, entonces no quería saber nada de eso. La feminidad no era para mí...durante mucho, mucho tiempo, no era para mí.

MUJER ADULTA

(Dirección escénica: Título leído en voz alta por ALI. ALI lee el segmento después de una pausa)

¿Cuándo me volví una mujer adulta? ¿Fue el día en que finalmente usé falda? ¿Fue cuando bailé toda la noche en el "Café Nuit"? Quizás fue el día que les dije a mis hermanos que abusaron de mí. ¿O el día que dije sí a una cita? ¿Fue la primera vez que tuve relaciones sexuales y no lloré?

¿O fue la primera vez que me negué conscientemente al sexo y no salí lastimada? Tal vez, ser una mujer adulta sea más que eso y, sin embargo, quizás lo sea todo. Hubo grandes momentos en el ciclo de sanación como mujer adulta, por ejemplo, el día de la falda corta fue increíble. Me puse la falda por la mañana, desayuné, abrí la puerta principal de mi casa y salí.

Caminé por la calle y vi gente normal como tú y como yo. Algunos me miraron y otros simplemente continuaron con su vida cotidiana. Me sentí tan fuera de lugar con la falda y regresé a casa. Me volví a poner mis pantalones largos. Fue un momento increíble.

Ahora tenía opciones: pantalones o falda. Me di cuenta de que para mí ser una mujer adulta era tomar estas decisiones. Realmente nunca perdí mi condición de mujer después de la violación. Sólo decidí ocultar mi feminidad de esos "machos" que hay por ahí. Decidí esconder mi condición de mujer hasta que pudiera asumir mi nuevo papel de mujer adulta, una mujer que pasaba por una iniciación dolorosa.

Me volví una mujer más fuerte al reconocer mi viaje y con el apoyo de una comunidad de personas comprensivas y a menudo irónicas. El viaje de una mujer, el viaje de un hombre, el viaje de una persona es validado por quienes la rodean y su viaje después del trauma solo es posible con el apoyo de otras personas que los guían hacia su propio y único proceso de sanación.

RECORDANDO
(Dirección escénica: Título leído en voz alta para énfasis por cualquier personaje excepto CHI)

CHI: CHI: El camino invisible está muy cerca.

Sin saber a dónde llevará el camino.

Sin reconocer el viaje hasta el final.

Nerviosa y preocupada.

Asustada de lo que podría ser.

Abriendo esa puerta de todos modos.

Lo que viene después es lo más aterrador.

Una puerta se cierra a medida que avanzas por el camino.

Volviendo a mirar atrás, pero incapaz de regresar a menos que continúe.

Dando pequeños pasos hacia el nuevo destino.

Mantenerse en el camino es una tarea.

Cada paso que das es un avance, aunque des un paso hacia atrás o retrocedas, es importante empezar de nuevo y seguir avanzando.

Avanzar puede parecer como vagar en la oscuridad y buscar una luz.

Los cambios y desafíos inevitables traen incertidumbres en el proceso de sanación después de una violación.

El tiempo comienza a sanar a uno y en algún momento empiezas a vivir.

ESTÁS AQUÍ

ALI: El momento es ahora; ésta es la recompensa por vivir. No importa cómo llegaste hasta aquí, sólo que estás aquí y necesitas empezar a caminar. Adondequiera que te dirijas es igual de importante como lo que hagas cuando llegues allí. Ahora mismo estás aquí; hacia donde vas es lo que viene después. Eso es enteramente tu decisión.

Me desperté una mañana, era un día soleado y con viento. De repente mis pies comenzaron a caminar. ¿Cómo llegué aquí, hacia dónde me dirijo?

El cielo estaba brillante, mis sentimientos estaban decaídos. Pero todo parece ir bien en una tarde con viento. No hay nada en la vida que sea demasiado grande o pesado para manejarlo. Finalmente, las nubes se están disipando sobre mi cabeza.

Me pongo la chaqueta y empiezo a caminar hacia el muelle, hacia la laguna, hacia el siguiente estacionamiento, dejando mis problemas atrás, hacia el siguiente nuevo día y celebrando cada pequeño avance, cada momento, cada paso, siendo agradecida y encontrando alegría en el camino.

NO LE TEMO A LA VIDA

BAE: BAE: estoy sentada aquí ahora, cuatro años después, buscando respuestas al pasado y esperando expectantemente el futuro, cada día en proceso.

Viajé al extranjero y aprendí un nuevo idioma.

No tengo miedo de lo que viene después.

Los atardeceres han aparecido cientos de veces y han sido presenciados por mis propios ojos. No le temo a la vida.

Miles de soles más se pondrán con el tiempo.

¿Dónde estaré? No lo sé.

Esto ni siquiera me asusta.

Arriba en la cima de una montaña.

Abajo por un río. La vida es buena. ¡La vida no me asusta!

DAE: Me voy a casa...con el apoyo de mis amigos, mi familia, mi comunidad, mi Corazón, "my heart". Este es el lugar al que llamo hogar.

La vida me trajo a este lugar, la seguridad que he encontrado aquí y ahora, y que llevaré conmigo, como una intención especial, un pensamiento positivo, con sentimiento de amor

(Stage Direction: Slow Fade out of lights so that the entire stage is illuminated. Cue music, something light, hopeful, upbeat)

FIN ACTO III

El camino hacia la publicación de ese libro ha sido largo. Al principio, este trabajo lo escribí en un diario mientras era una estudiante universitaria tratando de reconstruir la secuencia de eventos de mi pasado. Durante mis estudios de posgrado, convertí esas notas en monólogos hablados entrelazados.

Muchos años después, fui "mentora" de mi yo más joven para continuar mi proceso de sanación, revisé los monólogos, logré nuevas introspecciones y en ese momento doy el siguiente paso que es publicar. Nunca más quiero que mi voz pase desapercibida.

Al revisar "El Dolor, la Sanación y la Esperanza: Cómo superar más allá de la agresión sexual" 20 años después, tengo la esperanza de que sigamos encontrando y usando nuestras voces y rompiendo más silencios.

En continua sanación,

Debido a la sensibilidad de este tema, pueden surgir emociones después de leer o vocalizar este trabajo y es posible que no estés seguro de cómo manejarlas. Buscar apoyo puede ser de mucha ayuda.

Puedes elegir una persona de confianza con quien hablar o puedes comunicarte con un Centro de Crisis local las 24 horas para obtener asistencia inmediata.La ayuda siempre está disponible. Te animo a que los contactes cuando necesites ayuda.

El Servicio de Crisis de Agresión Sexual (SACS) de YWCA New Britain Connecticut: 1–888–999–5545 ofrece asistencia bilingüe inglés-español a sobrevivientes de agresión sexual y a sus seres queridos en todo el estado de Connecticut.

La Red Nacional de Violación, Abuso e Incesto (R.A.I.N.N. por sus siglas en inglés) opera una línea directa nacional confidencial sobre agresión sexual en los Estados Unidos de América. Puedes llamar las 24 horas del día: 1-800-656-HOPE.

Conversar con otras personas es una buena manera de procesar temas como la agresión y la violencia sexual, al igual que la autorreflexión. Quizás quieras responder a las siguientes preguntas ya sea tu mismo o con otras personas y usar las páginas rayadas a continuación para tomar notas.

1. Existen muchos tipos diferentes de agresión sexual. ¿Qué ejemplos te vienen a la mente?

2. ¿Cuáles son algunos de los mitos que rodean la violencia sexual?

3. Muchos incidentes de violencia sexual no se denuncian. ¿Por qué crees que una sobreviviente de violencia sexual no pone la denuncia?

4. ¿Alguna vez te ha resultado difícil hablar del tema? Describe el escenario. ¿Cómo te sentiste? ¿Cómo sentiste tu voz?

5. ¿Qué mecanismos de defensa utilizas cuando atraviesas un momento difícil?

6. ¿De qué manera puedes apoyar a un sobreviviente en su camino hacia la sanación?

7. El cuidado personal y emocional es muy importante tanto para los sobrevivientes como para su sistema de apoyo. ¿Qué puedes hacer para incorporar el cuidado personal en tu vida?

8. Por favor, escribe tu propia pregunta de reflexión aquí:

_____

_____

_____

_____

_____

_____

_____

_____

Me encantaría escuchar tu reflexión individual, tus preguntas o tus respuestas a las preguntas anteriores. Todas las respuestas serán confidenciales.

Puedes compartir conmigo en: info@melissablombardo.com

_____

_____

_____

_____

_____

_____

_____

_____

_____

_____

_____

_____

_____

_____

_____

_____

_____

_____

_____

_____

_____

_____

_____

_____

_____

_____

_____

_____

_____

_____

Discusión sobre el Libro, Reflexión y Respuestas *(Continúa)*

_____

_____

_____

_____

_____

_____

_____

_____

_____

_____

_____

_____

_____

_____

_____

_____

_____

_____

_____

_____

_____

_____

_____

_____

_____

_____

_____

_____

Escribir en un diario es una herramienta poderosa. Recomendado por profesionales de la salud mental, llevar un diario puede ayudarte a organizar tus pensamientos para la autorreflexión, ayudar a liberar bloqueos mentales y reducir el estrés y la ansiedad. Para mí, escribir en un diario tiene muchos beneficios, incluida la escritura como sanación y un camino hacia la superación.

En la siguiente sección de este libro, encontrarás páginas en blanco para escribir un diario de tus pensamientos y sentimientos, o escribir tus propios monólogos sobre el Dolor, la Sanación y la Esperanza. Debido a que la sanación nunca es lineal, puedes usar las siguientes páginas para escribir de la forma que te parezca adecuada y sólo si te sientes cómodo haciéndolo. Confío en que sepas más que yo sobre lo que necesitas.

Puedes elegir escribir, dibujar o compartir cualquier pensamiento que tengas, ya sea parte de tu propia historia o palabras de aliento para otra persona. Este es tu diario personalizado y tu voz importa. Estás en el camino hacia la sanación y te felicito al comenzar este viaje valiente y desafiante.

Tengo la esperanza de que escribir te ayude a manifestar una mayor sanación.

En sanación y superación,

Escribe, Sana, Supera

_____

_____

_____

_____

_____

_____

_____

_____

_____

_____

_____

_____

_____

_____

_____

_____

_____

_____

_____

_____

_____

_____

_____

_____

_____

_____

_____

_____

_____

_____

_____

_____

_____

_____

_____

_____

_____

_____

_____

_____

_____

_____

_____

_____

_____

_____

_____

_____

_____

_____

_____

_____

_____

_____

_____

_____

_____

Escribe, Sana, Supera *(Continúa)*

_____

_____

_____

_____

_____

_____

_____

_____

_____

_____

_____

_____

_____

_____

_____

_____

_____

_____

_____

_____

_____

_____

_____

_____

_____

_____

_____

_____

Escribe, Sana, Supera *(Continúa)*

_____
_____
_____
_____
_____
_____
_____
_____
_____
_____
_____
_____
_____
_____
_____
_____
_____
_____
_____
_____
_____
_____
_____
_____
_____
_____
_____
_____
_____
_____
_____

_____

_____

_____

_____

_____

_____

_____

_____

_____

_____

_____

_____

_____

_____

_____

_____

_____

_____

_____

_____

_____

_____

_____

_____

_____

_____

_____

_____

_____

_____

_____

_____

_____

_____

_____

_____

_____

_____

_____

_____

_____

_____

_____

_____

_____

_____

_____

_____

_____

_____

_____

_____

_____

_____

_____

_____

_____

_____

_____

_____

_____

_____

_____

_____

_____

_____

_____

_____

_____

_____

_____

_____

_____

_____

_____

_____

_____

_____

_____

_____

_____

_____

_____

_____

_____

_____

_____

_____

_____

_____

_____

_____

_____

_____

_____

_____

_____

_____

_____

_____

_____

_____

_____

_____

_____

_____

_____

_____

_____

_____

_____

_____

_____

_____

_____

Escribe, Sana, Supera *(Continúa)*

_____

_____

_____

_____

_____

_____

_____

_____

_____

_____

_____

_____

_____

_____

_____

_____

_____

_____

_____

_____

_____

_____

_____

_____

_____

_____

_____

_____

_____

_____

_____

_____

_____

_____

_____

_____

_____

_____

_____

_____

_____

_____

_____

_____

_____

_____

_____

_____

_____

_____

_____

_____

_____

_____

_____

_____

_____

_____

_____

_____

_____

_____

_____

_____

_____

_____

_____

_____

_____

_____

_____

_____

_____

_____

_____

_____

_____

_____

_____

_____

_____

_____

_____

_____

_____

_____

_____

_____

_____

_____

_____

_____

_____

_____

_____

_____

_____

_____

_____

_____

_____

_____

_____

_____

_____

_____

_____

_____

_____

_____

_____

_____

_____

_____

_____

_____

_____

_____

_____

_____

_____

_____

_____

_____
_____
_____
_____
_____
_____
_____
_____
_____
_____
_____
_____
_____
_____
_____
_____
_____
_____
_____
_____
_____
_____
_____
_____
_____
_____
_____

_____

_____

_____

_____

_____

_____

_____

_____

_____

_____

_____

_____

_____

_____

_____

_____

_____

_____

_____

_____

_____

_____

_____

_____

_____

_____

_____

_____

_____

Escribe, Sana, Supera *(Continúa)*

_____

_____

_____

_____

_____

_____

_____

_____

_____

_____

_____

_____

_____

_____

_____

_____

_____

_____

_____

_____

_____

_____

_____

_____

_____

_____

_____

_____

Agradecimientos

Este libro y esta obra no estarían en sus manos si no fuera por el aliento y el apoyo de muchas personas, incluidos sobrevivientes, que compartieron sus historias y me dieron el coraje para continuar mi viaje.

Me gustaría agradecer a las siguientes personas y organizaciones que contribuyeron a mi proceso de sanación y, por extensión, a este proyecto.

Sarvelia Peralta-Duran y Ryland White, Sissi Loftin (Q.E.P.D), Beatriz Fantini, del Centro de Programas Interculturales (CIP) y Oficina de Diversidad del SIT, miembros y voluntarios del SIT Educadores en Agresión y Violencia Sexual (Proyecto S.A.V.E).

El valioso apoyo de Reed Colver, director de escena, editor y amigo; las damas y caballeros del dormitorio Bolton; Protasia Gathendoh, Chrissy Hyde, Dennis Winkler y Jessica Marchese. Agradezco a mis primeros lectores: Cyndi Cain-Fitzgerald, Reed Colver, Peter Dillon, Deniece Dortch, Christopher Forbrook, Reagan Jackson, Carolyn Little, Sira Perez, Jaimena Shah, Ryland White, Kathy Wohlfeld y otros que colectivamente dieron su voz a cada sobreviviente.

Agradezco a personas y organizaciones, incluida la cantante y compositora Gina Forsyth y su canción "You Are Here", Judith Reichsman e Interplay de Vermont, Mary Ertel y su círculo de tambores comunitarios en Vernon, CT., la YWCA New Britain Connecticut Sexual Assault. Crisis Services (SACS) y mi primer consejero que me animó a escribir un diario.

Este trabajo no hubiera sido posible si no fuera por mi compañero, el talentoso ilustrador y siempre paciente Eduardo José Arias Cruz, quien ha estado a mi lado por más momentos de los que puedo contar, Nikita Prokhorov, un amigo de toda la vida, mi confidente y talentoso diseñador gráfico y rotulador, y mi hermano Peter J. Lombardo, quien trabajó incansablemente para editar y corregir muchos borradores del manuscrito original en inglés.

Agradezco a Sobeyda Álvarez-Inestroza, una amiga y colega de SIT y a Cesar Augusto Sandino un amigo y colega en la superación personal quienes han trabajado conmigo para crear una traducción y adaptación al español de este libro y pieza escénica.

Gracias a ellos, puedo llevar "El Dolor, la Sanación y la Esperanza" a una audiencia más amplia. También agradezco a Ernesto "Tito" Dávila, Annabella Gini Lombardo, María Margarita Miranda Díaz, Róger Alfredo Martínez, Andrés Arias Lombardo, y Eduardo J. Arias Cruz. Proporcionaron apoyo clave en traducción, adaptación, y revisión de monólogos en español durante varias etapas de este proyecto.

A mi primera comunidad de pre-edición, autores para la versión en inglés: Dra. Bridget Cooper, Elizabeth (Beth) Bolton, Dr. Christopher Minio, Olivia Ballinger, Jimmy LeSage, Dana Remedios, Nzima Hutchings, Kristina Hiller,

Agradecimientos *(Continúa)*

Roger Alfredo Martínez, también conocido como el Psicólogo Martínez, Patrina Dixon, Clementina Esposito, Dorothy Holtermann y el grupo de redacción "Birth-a-Book", sus contribuciones en mi vida son inconmensurables y cada uno de ustedes me ha inspirado a seguir avanzando.

Otros escritores y comunidades editoriales en línea también han sido parte integral de mis próximos pasos en el viaje, al igual que mi hermana Michelle, quien prestó su voz para una versión en vivo de los monólogos en ingles.

A Guayo, Andrés, LaLa, mis padres Janice y Peter, mis hermanos Michelle Helen y Peter J., mi suegra Anita Cruz, Leigh Riser; y su "tapiz de ideas" y apoyo en edición, M.R; por ser la primera persona con la que hablé después de muchos meses de silencio, y a Álvaro Berroteran, Dan Lester, Ana Paula Benítez, Anthony (Tony) Gali, Kate Morgan, César Andino, Josephine Eichler, Maureen Cody Carroll, Tania Ríos y Blaine Ludeman por sus contribuciones específicas a este viaje editorial y de la vida.

Tengo especial suerte de contar con viejos y nuevos amigos, colegas y familiares que se convirtieron en parte integral de la publicación de este proyecto desde las primeras etapas, además de incluir una comunidad de personas que contribuyeron a mi campaña de publicación de GoFundMe "Escribe para Sanar y Superar".

Aprecio a cada uno de ustedes. A todos ustedes que han apoyado o compartido sus historias, ¡Gracias!

Mi vida ha sido bendecida con muchas personas amables y maravillosas, los tengo en mi corazón.

Próximos Pasos

Gracias por caminar conmigo.

Ya sea recibiendo orientación adicional o formando parte de un sistema de apoyo para otra persona, hay muchas maneras de usar tu voz y comenzar a superar cuando estás listo para dar pasos adicionales.

Formar y unirse a grupos de apoyo, volverte un defensor voluntario de un centro de crisis por violación en tu comunidad, participar en marchas y mítines para protestar contra la violencia sexual son formas de conectarte con otras personas que han tenido experiencias similares.

Sinceramente espero que mi historia se convierta en un momento crucial para que alguien tome la decisión de iniciar activamente su proceso de sanación.

Al compartir este libro con otras personas que puedan beneficiarse, o al escribir una reseña en la plataforma donde lo compraste, te conviertes en una chispa que enciende la llama de la sanación en otra persona.

Sería genial seguir conectándonos a través de las redes sociales; Facebook, Instagram y mi sitio web: www.melissablombardo.com.

También puedes utilizar los hashtags **#hurthealinghopebook** y **#writehealthrive**.

También puedes contactarme para presentaciones en los medios de comunicación, para dar talleres, hablar en eventos, ayudar en la producción de "Dolor, Sanación y Esperanza" en tu escuela o en tu comunidad, o suscribirte a mi lista de correo electrónico para obtener más información sobre mi viaje y próximas publicaciones.

Obtén más información en: melissablombardo.com o writehealthrive.com

Learn more at: *melissablombardo.com* or *writehealthrive.com*

Facebook: /Melissablombardoauthor

Instagram /Melissablombardoauthor

YouTube: /@MelissaBLombardoAuthor

Recursos Adicionales

DeafIGNITE.org. Apoyando las necesidades de los sobrevivientes sordos.

Endraeoncampus.org. Trabaja para poner fin a la violencia sexual en el campus.

EndSexualViolence.org. La Alianza Nacional para Acabar con la Violencia Sexual.

Incestresourcesinc.org. Todos los sobrevivientes, organización sin fines de lucro

Invisiblegirlsthrive.com. Ayudar a las niñas a sanar y avanzar.

Joyfulheartfoundation.org. Una organización nacional para transformar la respuesta de la sociedad a la agresión sexual, la violencia doméstica y el abuso infantil.

MaleSurvivor.org. Esperanza, curación y apoyo para los hombres sobrevivientes.

Nomore.org. Dedicado a poner fin a la violencia doméstica y la agresión sexual mediante una mayor concientización.

Transquality.org. Centro Nacional para la Igualdad Transgénero.

Ncadv.org. Coalición Nacional Contra la Violencia Doméstica.

Nsvrc.org. El Centro Nacional de Recursos sobre Violencia Sexual.

Sidran.org. El Instituto Sidran para el Estrés Traumático, la Educación y la Defensa.

Takebackthenight.org. Un movimiento y fundación mundial que se opone a la violencia sexual.

Theclotheslineproject.org. Red nacional de afectados por la violencia para expresarse.

Thehotline.org. Línea Nacional de Violencia Doméstica.

Referencias

Burgess, A. y Holmstrom, L. (1979). *Violación: Crisis y Recuperación. Compañía.* RJ Brady Company.

Kennedy, DM y Hock, RR (2000). *Así es mi vida ahora: empezar de nuevo después de una relación abusiva o violencia doméstica.* Publicacion de Editorial Routledge.

Parrot, A. (1995). *Cómo afrontar la violación en una cita y la violación por parte de un conocido.* Editorial Rosen.

Red Nacional de Abuso de Violación e Incesto (R.A.I.N.N.) (n.d.). Más estadísticas. Obtenido el 27 de abril de 2021 de *rainn.org/statistics*

Red Nacional de Abuso de Violación e Incesto (R.A.I.N.N.) (n.d.). Recuperándose de la violencia sexual. *rainn.org/recovering-sexualviolence*

Red Nacional de Abuso de Violación e Incesto (R.A.I.N.N.). (n.d.). Alcance del problema: Estadísticas. Obtenido el 27 de abril de 2021 de *rainn.org/statistics/scope-problem*

Red Nacional de Abuso de Violación e Incesto (R.A.I.N.N.). (n.d.). Agresión sexual. *rainn.org/articles/sexual-assault*

Red Nacional de Abuso de Violación e Incesto (R.A.I.N.N.). (n.d.). Víctimas de violencia sexual: Estadísticas. Obtenido el 27 de abril de 2021 de *rainn.org/get-information/statistics/sexual-assault-victims*

Resiliencia. (n.d.). Efectos de la violencia sexual. *ourresilience.org/what-you-need-to-know/effects-of-sexual-violence/*

Notas de Realización

Utiliza las siguientes páginas para escribir notas sobre tu presentación autorizada bajo licencia, que te ayudarán a organizarte.

Puedes incluir información de la licencia, información de contacto, presupuestos y cualquier otra anotación que desees recordar para tu uso posterior.

Si deseas ayuda con la producción, por favor comunícate con: *info@ melissablombardo.com*

Notas de Realización *(Continúa)*

Notas de Realización *(Continúa)*

Notas de Realización *(Continúa)*

Conoce a Nosotros

Melissa Lombardo

Melissa B. Lombardo siempre tuvo una pasión por escuchar y apoyar a quienes no tienen voz, lo que la llevó a viajar por Estados Unidos, Europa y Centroamérica conociendo las experiencias de otros. A lo largo de sus viajes, supo que necesitaba contar las historias que vivió y escuchó de otros, pero no pudo encontrar esa voz interior para hablar.

Fue después de tomar la decisión de afrontar el trauma pasado que pudo seguir adelante y superar. Ahora, muchos años después, está decidida a ayudar a otros a encontrar su propia voz y que comiencen a sanar activamente. Melissa actualmente pasa su tiempo entre su estado natal de Connecticut, EE. UU., y Nicaragua, el país de su corazón.

Crédito de la foto:
Alicia Ann Daw
Estilista:
Jessica Dutton

Eduardo José Arias Cruz

Eduardo José Arias Cruz, es un artista visual, instructor de arte y diseñador gráfico nicaragüense que da vida al viaje de sanación a través de estas originales ilustraciones en acuarela. Para más información sobre Eduardo, visite *eduardoariascruz.com*.

Crédito de la foto:
Eduardo José Arias Cruz

www.ingramcontent.com/pod-product-compliance
Lightning Source LLC
Chambersburg PA
CBHW051640120626
46551CB00014B/2155